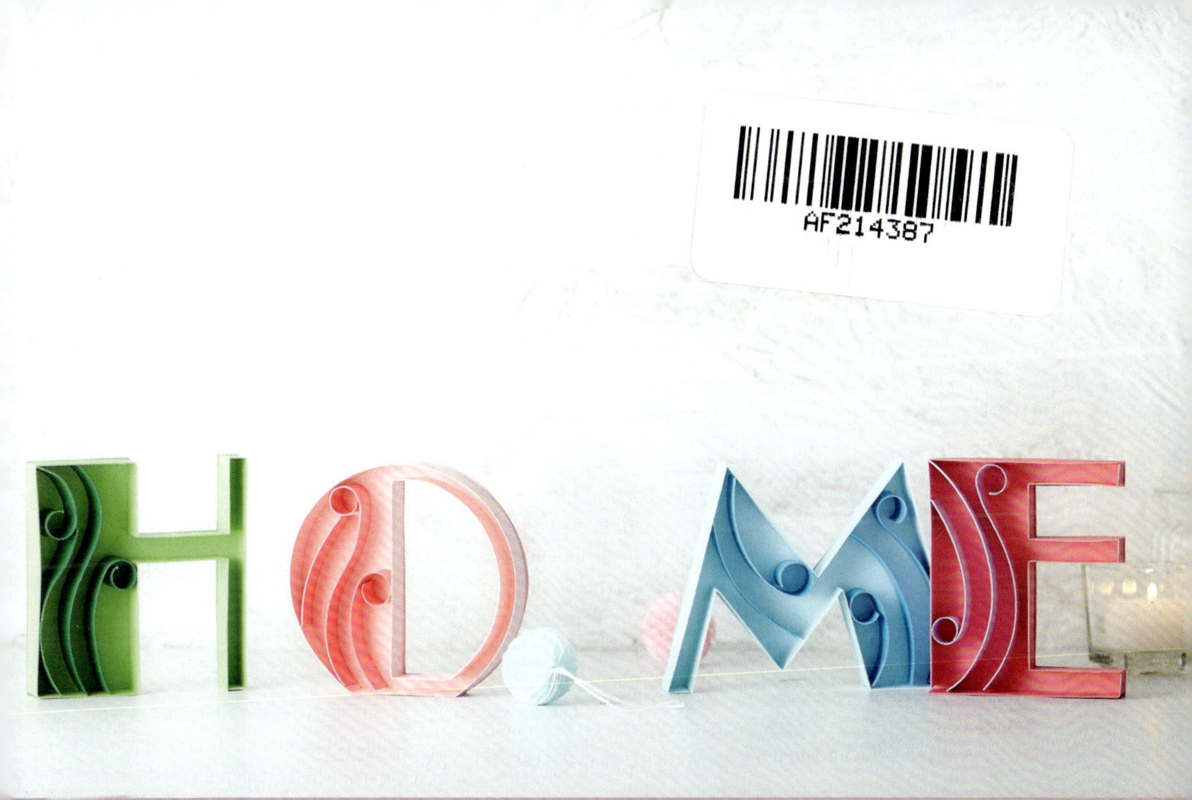

Quilling ist eine alte Technik, die schon während des 18. Jahrhunderts von Nonnen und Mönchen praktiziert wurde, um religiöse Gegenstände zu verzieren. Damals wurden häufig Papierstreifen von vergoldeten Buchkanten zum Quillen verwendet, heute haben Sie mit gefärbtem Papier und neuen Techniken ganz andere Möglichkeiten, um beeindruckende Arbeiten zu schaffen.

Die filigranen Arbeiten, wie sonst üblich für Quilling, entfallen hier in diesem Buch jedoch völlig. Die XXL-Motive machen den Einstieg leicht und so erschaffen Sie im Handumdrehen imposante Kunstwerke. Die verwendeten Fotokartonstreifen machen die Motive widerstandsfähig, somit hat man länger Freude an den gebastelten Kunstwerken.

Ich hoffe, Sie können mit diesem Buch das Quillen für sich entdecken und wünsche Ihnen viel Spaß beim Nachbasteln.

Frühlingserwachen

ein bunter Verwandlungskünstler

MOTIVGRÖSSE
ca. 28 cm x 30 cm

MATERIAL

- Fotokarton in Weiß, 28 cm x 30 cm
- Fotokarton in Hellgrün, 10 cm x 10 cm
- Fotokarton in Braun, 5 cm x 10 cm
- Fotokartonstreifen, 5x in Orange, 3x in Hellgrün, 2x in Rosa, 2x in Lila, 1x in Braun, 2 cm breit, 50 cm lang
- Stricknadel oder Stift, ø 6 mm
- Bastelkleber
- Filzstift in Schwarz
- Schnur in Weiß-Orange

VORLAGE
Bogen 1A

1 Die Vorlage der runden Grundfläche auf den weißen Fotokarton übertragen und ausschneiden.

2 Die Position der Fotokartonstreifen ebenfalls übertragen. Dazu die Vorlage auflegen und die Linien mit einem Kugelschreiber unter leichtem Druck nachfahren. Die entstehenden Vertiefungen können Sie gegebenenfalls noch leicht mit einem Bleistift nachziehen.

3 Zum späteren Aufhängen des Motivs mit einem Locher das Loch in die Lasche stanzen.

4 Die Fühler des Schmetterlings mit einem schwarzen Filzstift nachfahren.

5 Nun die Zweige in Hellgrün aufkleben. Dazu die Papierkartonstreifen in Hellgrün auflegen, in Form bringen und auf die richtige Länge kürzen. Eine Kante des Papierstreifens mit Klebstoff bestreichen und aufkleben. Die Vorlage der Blätter elfmal auf den hellgrünen Fotokarton übertragen und ausschneiden. Die Blätter entsprechend der Vorlage entlang der Zweige aufkleben.

6 Als nächstes die Flügel mit einem Fotokartonstreifen in Orange umranden. Die restlichen Elemente innerhalb des Flügels in Rosa und Lila mithilfe der Vorlage in Form bringen und aufkleben.

7 Für den Schmetterlingskörper einen Fotokartonstreifen in Braun mittig anbringen. Die Vorlage des Schmetterlingskörpers auf den braunen Fotokarton übertragen und ausschneiden. Zuletzt den Schmetterlingskörper auf den braunen Fotokartonstreifen aufkleben.

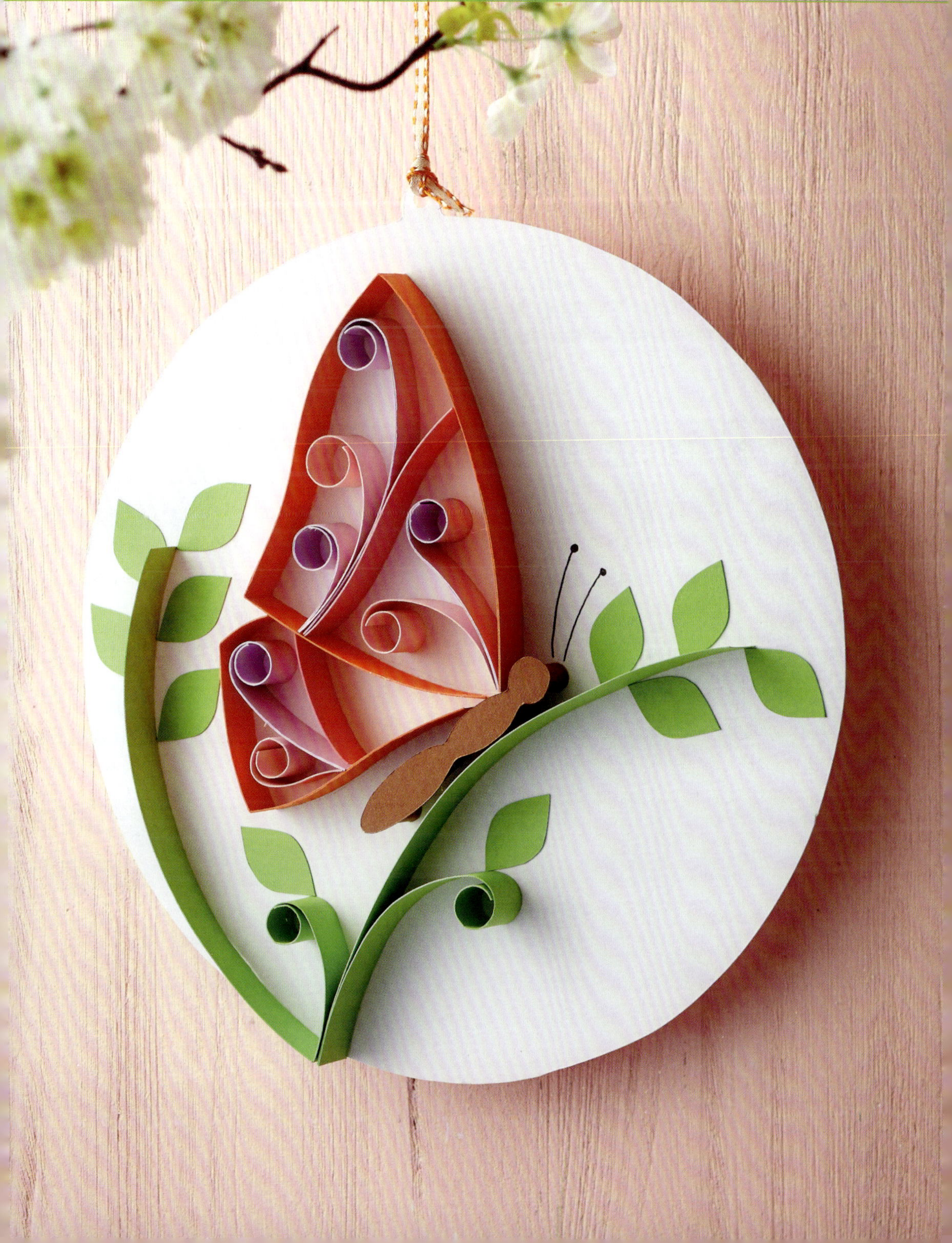

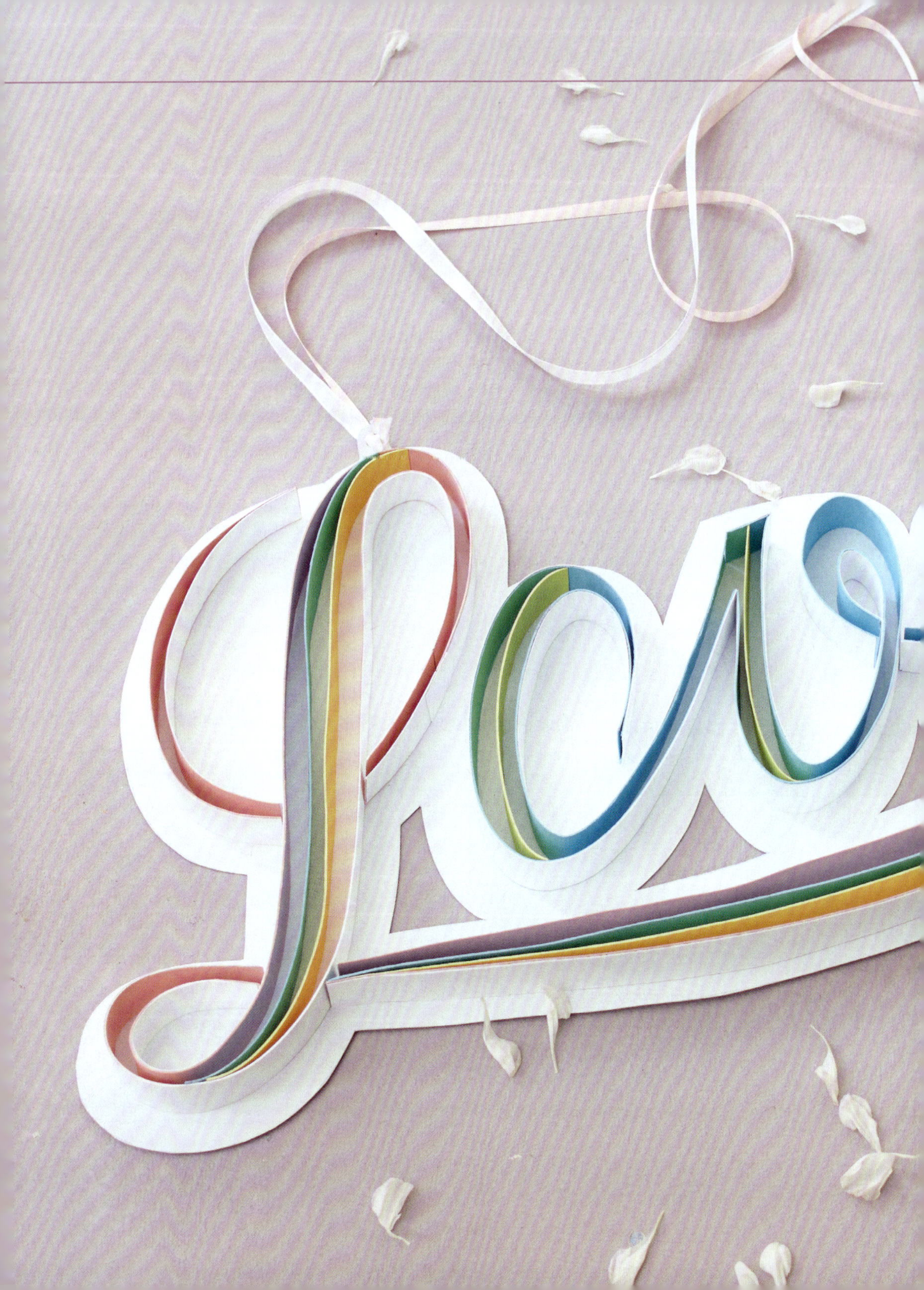

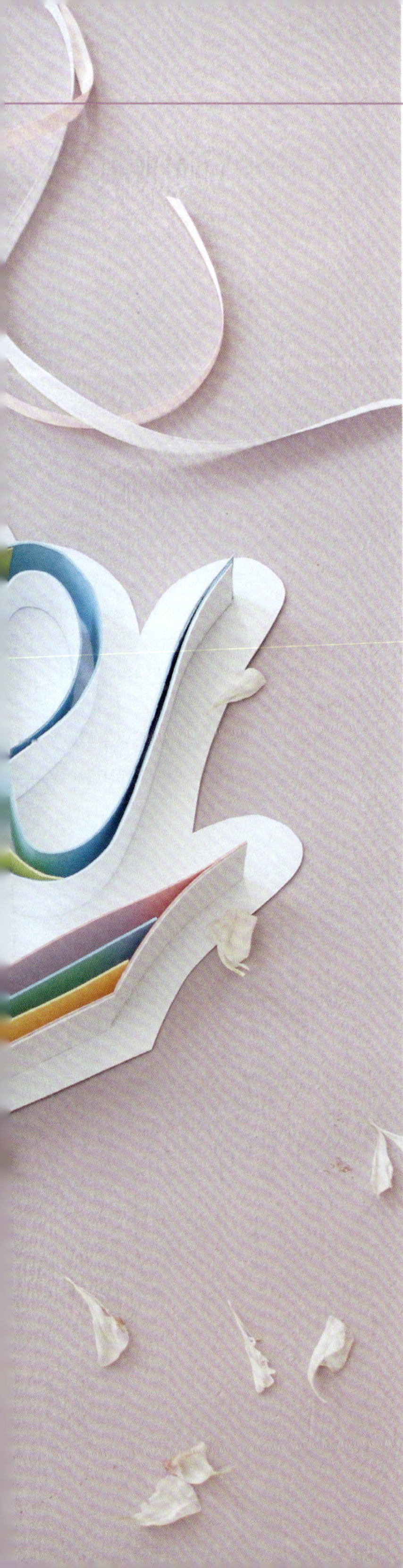

Liebesgrüße

in Pastelltönen

MOTIVGRÖSSE
ca. 50 cm x 29 cm

MATERIAL
- Fotokarton in Weiß, 50 cm x 29 cm
- Fotokartonstreifen, 14x in Weiß, 7x in Rosa, 7x in Blau, 5x in Gelb, 2 cm breit, 50 cm lang
- Stricknadel oder Stift, ø 6 mm
- Bastelkleber
- Geschenkband in Rosa

VORLAGE
Bogen 1A

1 Die Vorlage der Grundfläche des Schriftzugs auf den weißen Fotokarton übertragen und ausschneiden.

2 Die Position der Fotokartonstreifen ebenfalls übertragen. Dazu die Vorlage auflegen und die Linien mit einem Kugelschreiber unter leichtem Druck nachfahren. Die entstehenden Vertiefungen können Sie gegebenenfalls noch leicht mit einem Bleistift nachziehen.

3 Zum späteren Aufhängen des Motivs mit einem Locher zwei Löcher in die Lasche stanzen.

4 Für die Außenkonturen zweifarbige Fotokartonstreifen vorbereiten. Dazu zwei Fotokartonstreifen der entsprechenden Farben aufeinander kleben und gut trocknen lassen. Die Farben können Sie aus der Vorlage entnehmen.

5 Nun den Schriftzug mit den vorbereiteten Fotokartonstreifen umranden. Dazu die Streifen auflegen, mit dem Stab in Form bringen und auf die richtige Länge kürzen. Eine Kante der Papierstreifen mit Klebstoff bestreichen und aufkleben. Schwierige Konturen können auch Stück für Stück geklebt werden.

6 Die restlichen Elemente mithilfe der Vorlage formen und aufkleben.

Traumfänger

für schöne Träume

MOTIVGRÖSSE
ca. 32 cm x 64 cm

MATERIAL
- Fotokarton in Weiß, 37 cm x 34 cm und 3x 25 cm x 10 cm
- Fotokartonstreifen, 6x in Orange, 5x in Gelb, 2x in Beige, 1x in Rot, 2 cm breit, 50 cm lang
- Stricknadel oder Stift, ø 6 mm
- Bastelkleber
- Juteschnur, 3x 15 cm lang

VORLAGE
Bogen 2A

Traumfänger

1 Die Vorlage der runden Grundfläche auf den weißen Fotokarton übertragen und ausschneiden.

2 Die Position der Fotokartonstreifen ebenfalls übertragen. Dazu die Vorlage auflegen und die Linien mit einem Kugelschreiber unter leichtem Druck nachfahren. Die entstehenden Vertiefungen können Sie gegebenenfalls noch leicht mit einem Bleistift nachziehen.

3 Zum späteren Aufhängen des Motivs und Befestigen der Federn mit einem Locher Löcher in die Laschen stanzen.

4 Die runde Grundfläche zuerst mit einem Fotokartonstreifen in Orange und dann mit einem Fotokartonstreifen in Gelb umranden. Dazu die Streifen auflegen, mit dem Stab in Form bringen und auf die richtige Länge kürzen. Eine Kante der Papierstreifen mit Klebstoff bestreichen und aufkleben.

5 Die restlichen Elemente des Traumfängers in Gelb, Beige und Rot formen und aufkleben. Dabei immer von innen nach außen basteln.

Federn (3x)

1 Die Vorlage der Federn auf die drei weißen Fotokartons übertragen und ausschneiden.

2 Zum späteren Anbinden der Federn mit einem Locher Löcher in die Laschen stanzen.

3 Schneiden Sie nun die Federn mithilfe der Vorlage ein. Die eingeschnittenen Teile anschließend mit einem Stab leicht nach oben biegen.

4 Zum Schluss die Federn mit der Schnur an dem Traumfänger befestigen.

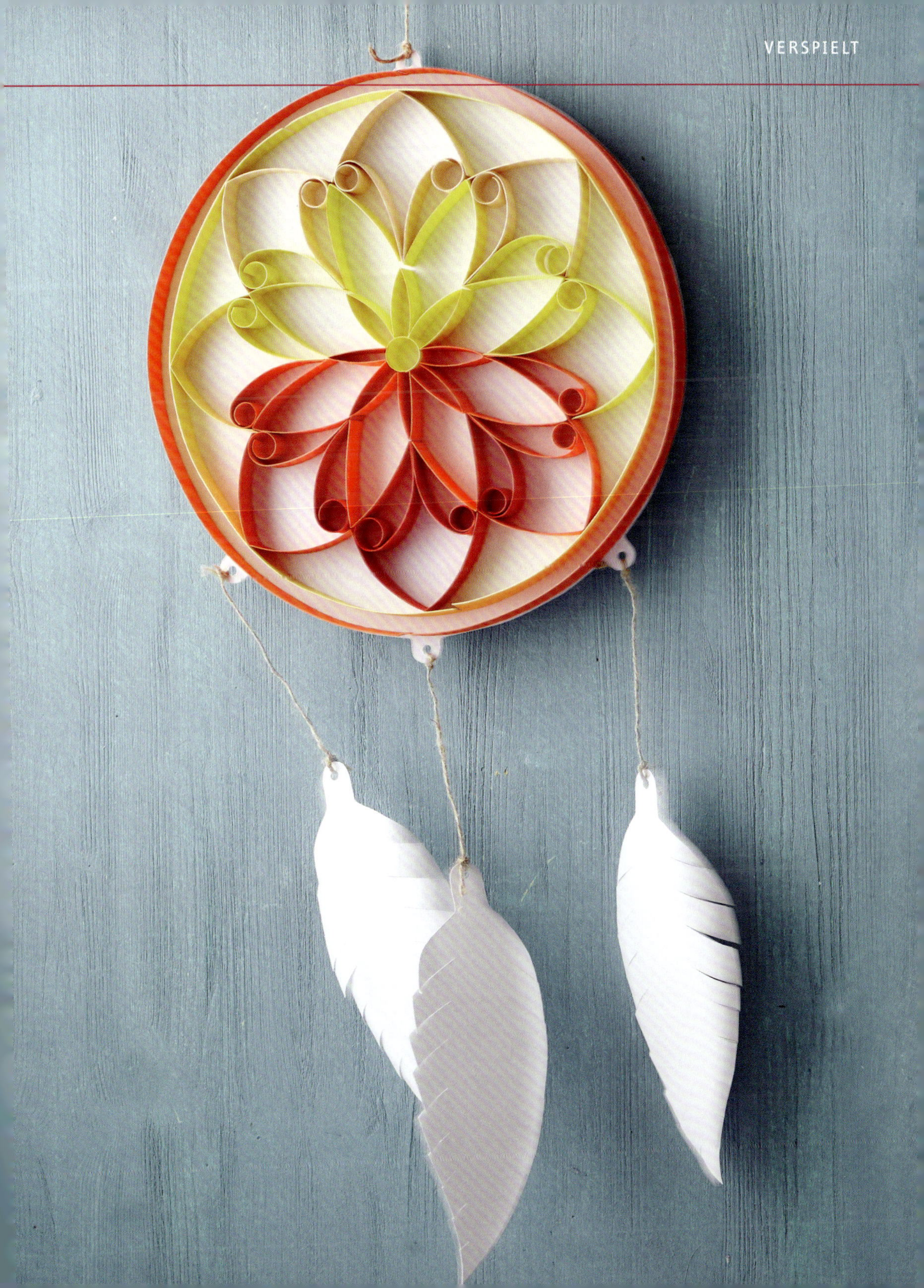

Die raffinierten Details schmücken das Walmotiv schön aus.

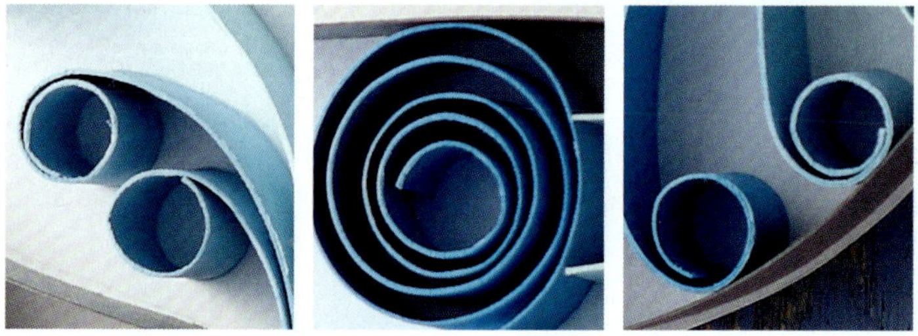

Meeresspektakel

im Bann des sanften Riesen

MOTIVGRÖSSE
ca. 32 cm x 37 cm

MATERIAL
- Fotokarton in Weiß, 32 cm x 37 cm
- Fotokarton in Hellblau, 10 cm x 10 cm
- Fotokartonstreifen, 6x in Grau, 6x in Dunkelblau, 5x in Blau, 3x in Hellblau, 3x in Hellgrau, 2 cm breit, 50 cm lang
- Stricknadel oder Stift, ø 6 mm
- Bastelkleber
- Schnur in Blau-Weiß

VORLAGE
Bogen 1A

1 Die Vorlage der runden Grundfläche auf den weißen Fotokarton übertragen und ausschneiden.

2 Die Position der Fotokartonstreifen ebenfalls übertragen. Dazu die Vorlage auflegen und die Linien mit einem Kugelschreiber unter leichtem Druck nachfahren. Die entstehenden Vertiefungen können Sie gegebenenfalls noch leicht mit einem Bleistift nachziehen.

3 Zum späteren Aufhängen des Motivs mit einem Locher das Loch in die Lasche stanzen.

4 Zuerst den Wal mithilfe der Vorlage in Grau umranden. Dazu den Streifen auflegen, in Form bringen und auf die richtige Länge kürzen. Eine Kante der Papierstreifen mit Klebstoff bestreichen und aufkleben.

5 Die restlichen Elemente des Wals in Blau, Dunkelblau, Grau und Hellgrau formen und aufkleben.

6 Die Vorlage der Tropfen auf den hellblauen Fotokarton übertragen und ausschneiden. Zum Schluss die Tropfen entsprechend der Vorlage aufkleben.

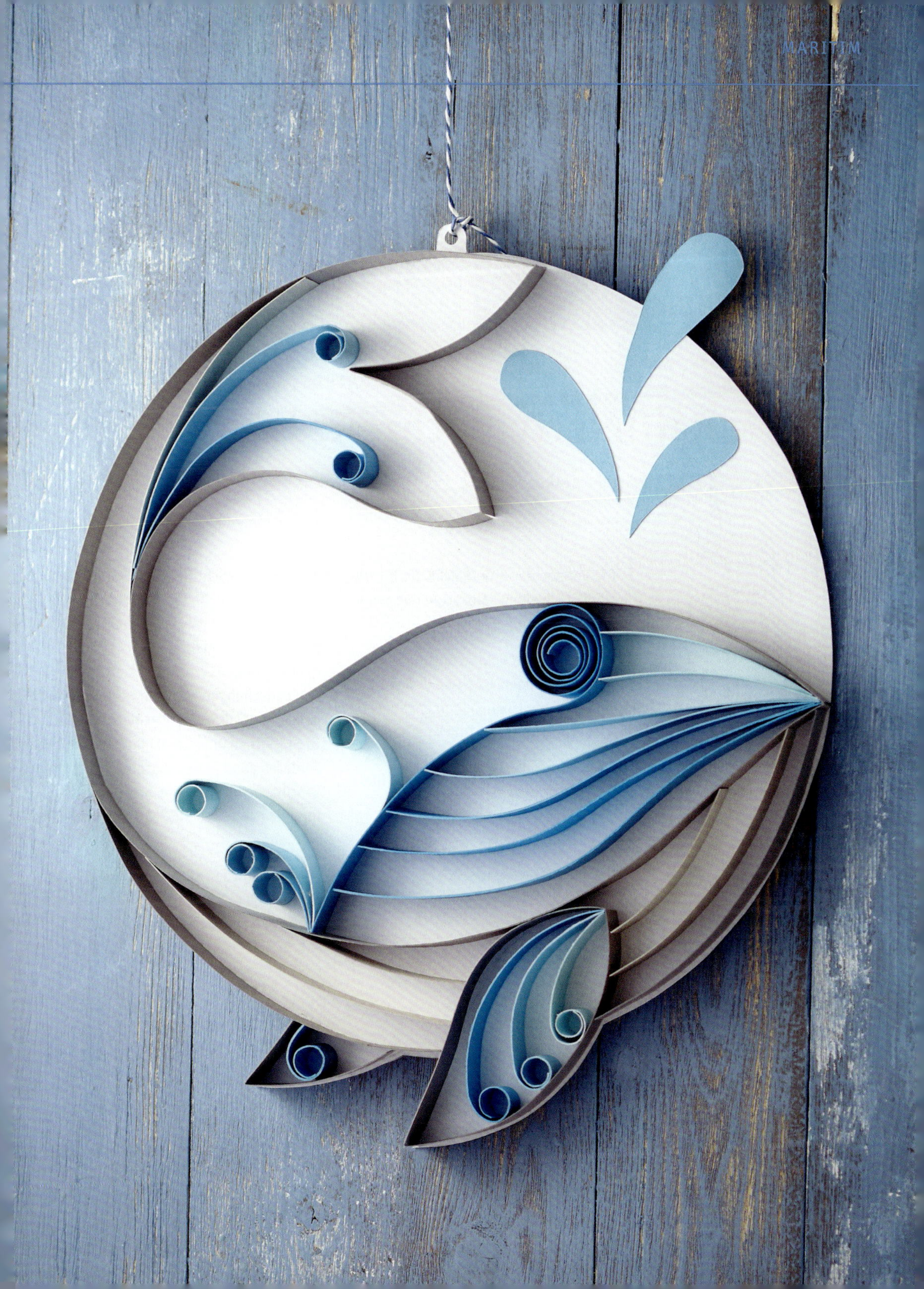

Die Schriftzüge sind durch die detailreichen Ausschmückungen besonders schön anzusehen.

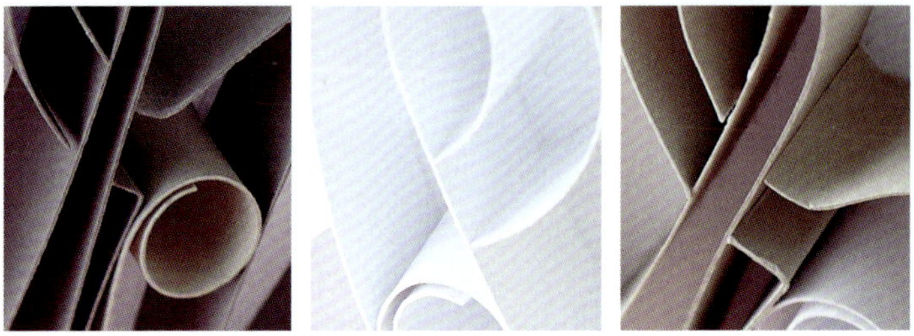

Raffinierte Hochzeitsdeko

Mr. & Mrs.

MOTIVGRÖSSE
ca. 68 cm x 17 cm

MATERIAL

- Fotokarton in Weiß, 3x 28 cm x 18 cm
- Fotokartonstreifen 6x in Weiß, 8x in Hellgrau, 6x in Grau, 2 cm breit, 50 cm lang
- Stricknadel oder Stift, ø 6 mm
- Bastelkleber

VORLAGE
Bogen 1B + 2B

1 Die Vorlage der Grundfläche der Schriftzüge auf den weißen Fotokarton übertragen und ausschneiden.

2 Die Position der Fotokartonstreifen ebenfalls übertragen. Dazu die Vorlage auflegen und die Linien mit einem Kugelschreiber unter leichtem Druck nachfahren. Die entstehenden Vertiefungen können Sie gegebenenfalls noch leicht mit einem Bleistift nachziehen.

3 Zuerst die Schriftzüge mit Fotokartonstreifen in Grau, Hellgrau und Weiß umranden. Dazu die Streifen auflegen, mit dem Stab in Form bringen und auf die richtige Länge kürzen. Eine Kante der Papierstreifen mit Klebstoff bestreichen und aufkleben. Dabei darauf achten, dass die Grundflächen unten exakt mit den Außenkonturen abschließen. Ansonsten stehen die Schriftzüge nicht gerade. Schwierige Konturen können auch Stück für Stück geklebt werden.

4 Die restlichen Elemente innerhalb der Schriftzüge in Weiß, Hellgrau und Grau formen und aufkleben.

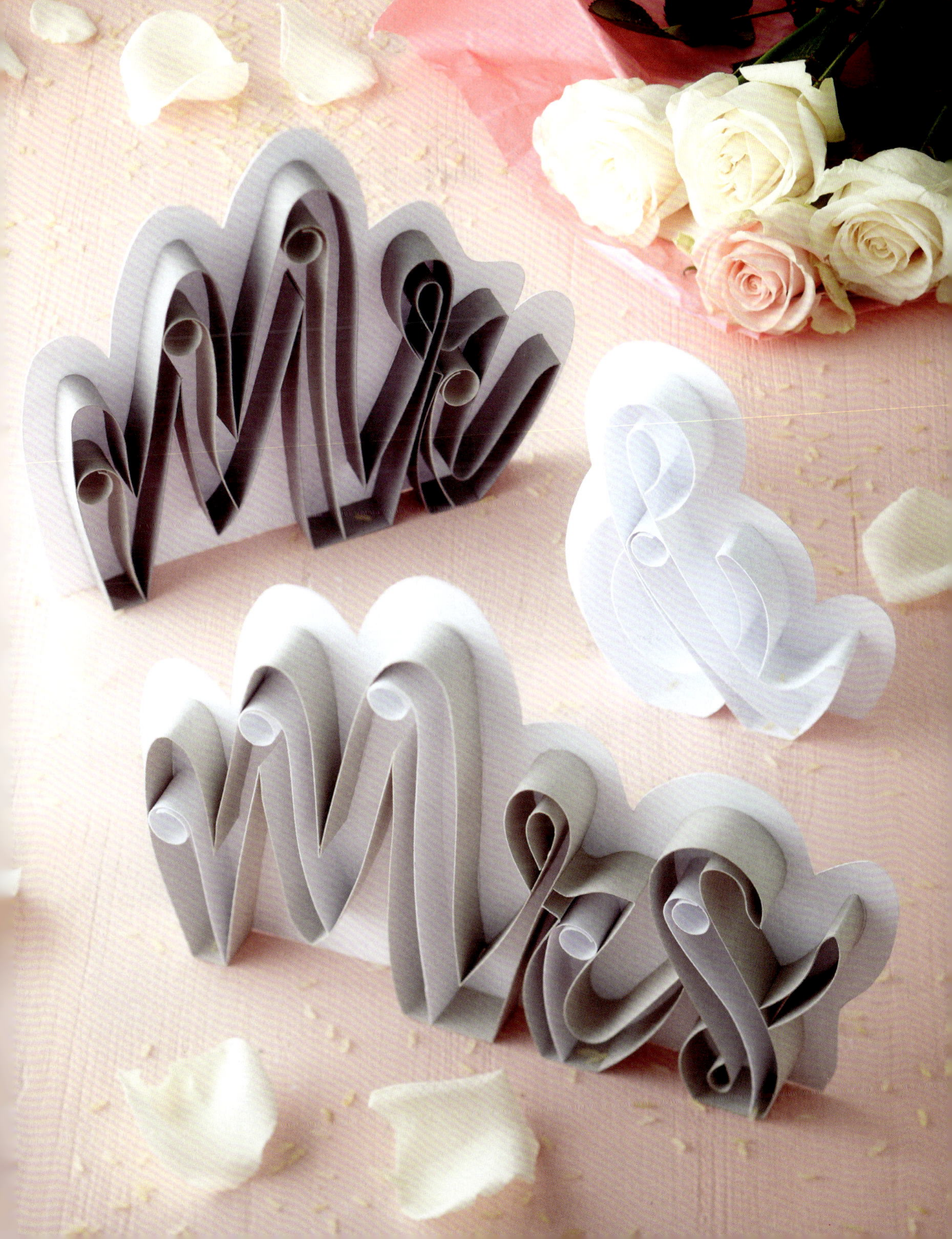

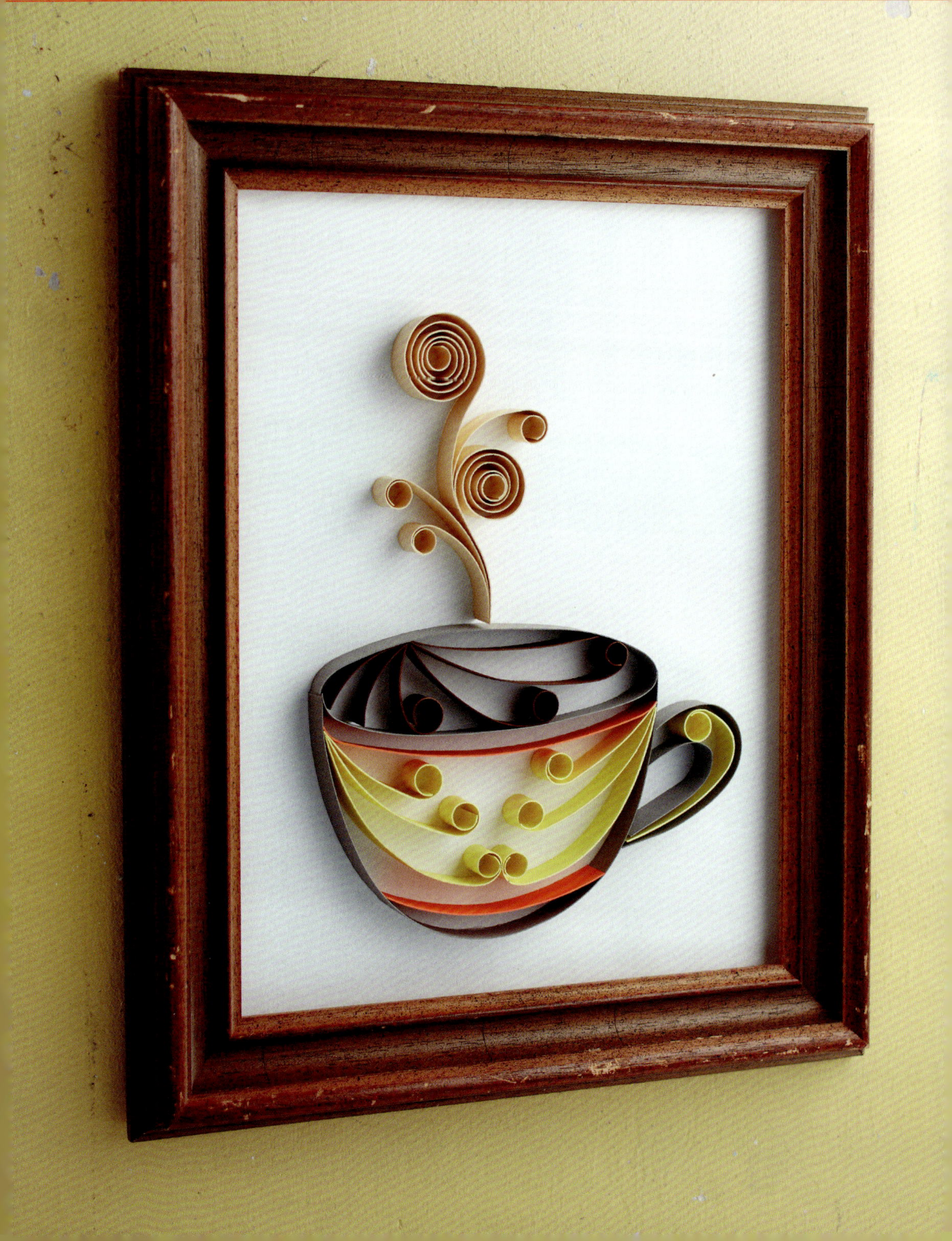

Die verschiedenen Farben symbolisieren die geschmackliche Bandbreite des Kaffees.

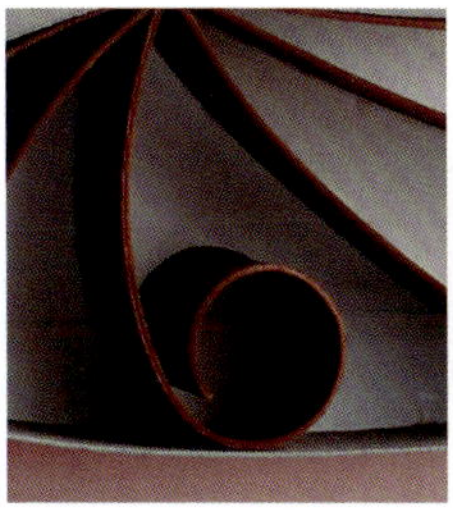

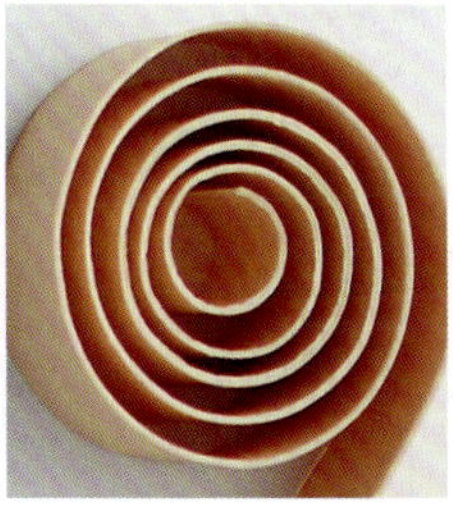

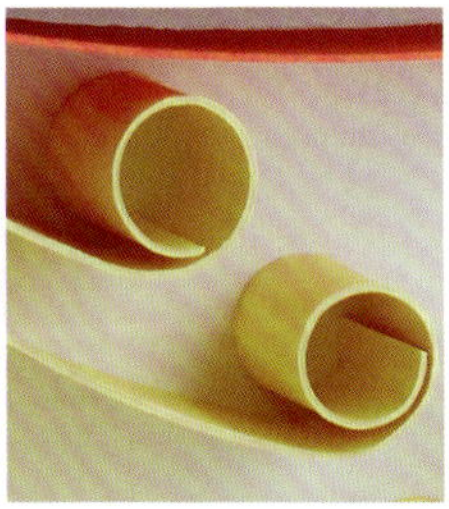

Kaffeepause

ein Blickfang für die Küche

MOTIVGRÖSSE
ca. 39 cm x 39 cm

MATERIAL
- Fotokarton in Weiß, 39 cm x 39 cm
- Fotokartonstreifen, 4x in Beige, 4x in Grau, 3x in Gelb, 3x in Braun, 2x in Orange, 2 cm breit, 50 cm lang
- Stricknadel oder Stift, ø 6 mm
- Bastelkleber
- Schnur in Blau-Weiß

VORLAGE
Bogen 1B

1 Die Vorlage der Grundfläche auf den weißen Fotokarton übertragen und ausschneiden.

2 Die Position der Fotokartonstreifen ebenfalls übertragen. Dazu die Vorlage auflegen und die Linien mit einem Kugelschreiber unter leichtem Druck nachfahren. Die entstehenden Vertiefungen können Sie gegebenenfalls noch leicht mit einem Bleistift nachziehen.

3 Nun die Tasse mit einem Fotokartonstreifen in Grau umranden. Dazu die Streifen auflegen, mit einem Stab in Form bringen und auf die richtige Länge kürzen. Eine Kante der Papierstreifen mit Klebstoff bestreichen und aufkleben.

4 Die restlichen Elemente innerhalb der Kaffeetasse in Beige, Orange, Gelb und Braun in Form bringen und aufkleben.

5 Zuletzt den Kaffeedampf mit Fotokartonstreifen in Beige formen und aufkleben.

Der Farbverlauf der Fotokartonstreifen verleiht dem Modell etwas Besonderes.

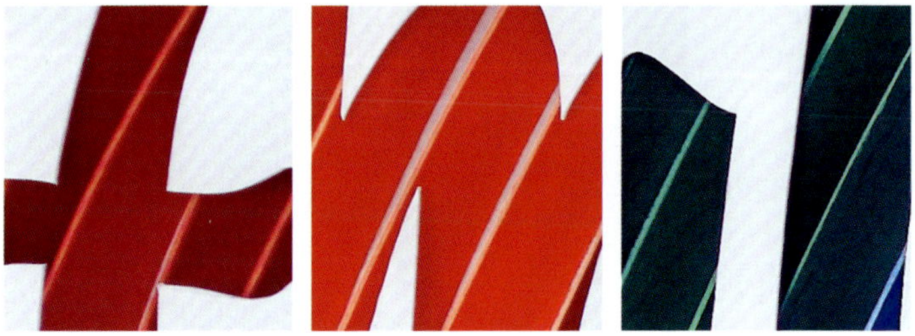

We are Family

ein Herz für Lieblinsmenschen

MOTIVGRÖSSE
ca. 38 cm x 35 cm

MATERIAL

- Fotokarton in Weiß, 2x 40 cm x 37 cm
- Fotokartonstreifen, 7x in Rot, 7x in Orange, 7x in Dunkelgrün, 7x in Dunkelblau, 2x in Weiß, 2 cm breit, 50 cm lang
- Stricknadel oder Stift, ø 6 mm
- Bastelkleber
- Schnur in Blau-Weiß

VORLAGE
Bogen 1B

1 Die Vorlage der Grundfläche, das Herz mit der Lasche, auf den weißen Fotokarton übertragen und ausschneiden.

2 Die Position der Fotokartonstreifen ebenfalls übertragen. Dazu die Vorlage auflegen und die Linien mit einem Kugelschreiber unter leichtem Druck nachfahren. Die entstehenden Vertiefungen können Sie gegebenenfalls noch leicht mit einem Bleistift nachziehen.

3 Zum späteren Aufhängen des Motivs mit einem Locher das Loch in die Lasche stanzen.

4 Das Herz mit einem weißen Fotokartonstreifen umranden.

5 Die Fotokartonstreifen in Rot, Orange, Dunkelgrün und Dunkelblau mithilfe der Vorlage und einem Stab in Form bringen und auf die richtige Länge kürzen. Eine Kante der Papierstreifen mit Klebstoff bestreichen und aufkleben. Dabei von links nach rechts (oder rechts nach links) arbeiten.

6 Die Vorlage mit dem Schriftzug, aber ohne die Lasche, auf den weißen Fotokarton übertragen und ausschneiden. Die Rückseite mit Klebstoff bestreichen und entsprechend der Vorlage auf die Fotokartonstreifen aufkleben.

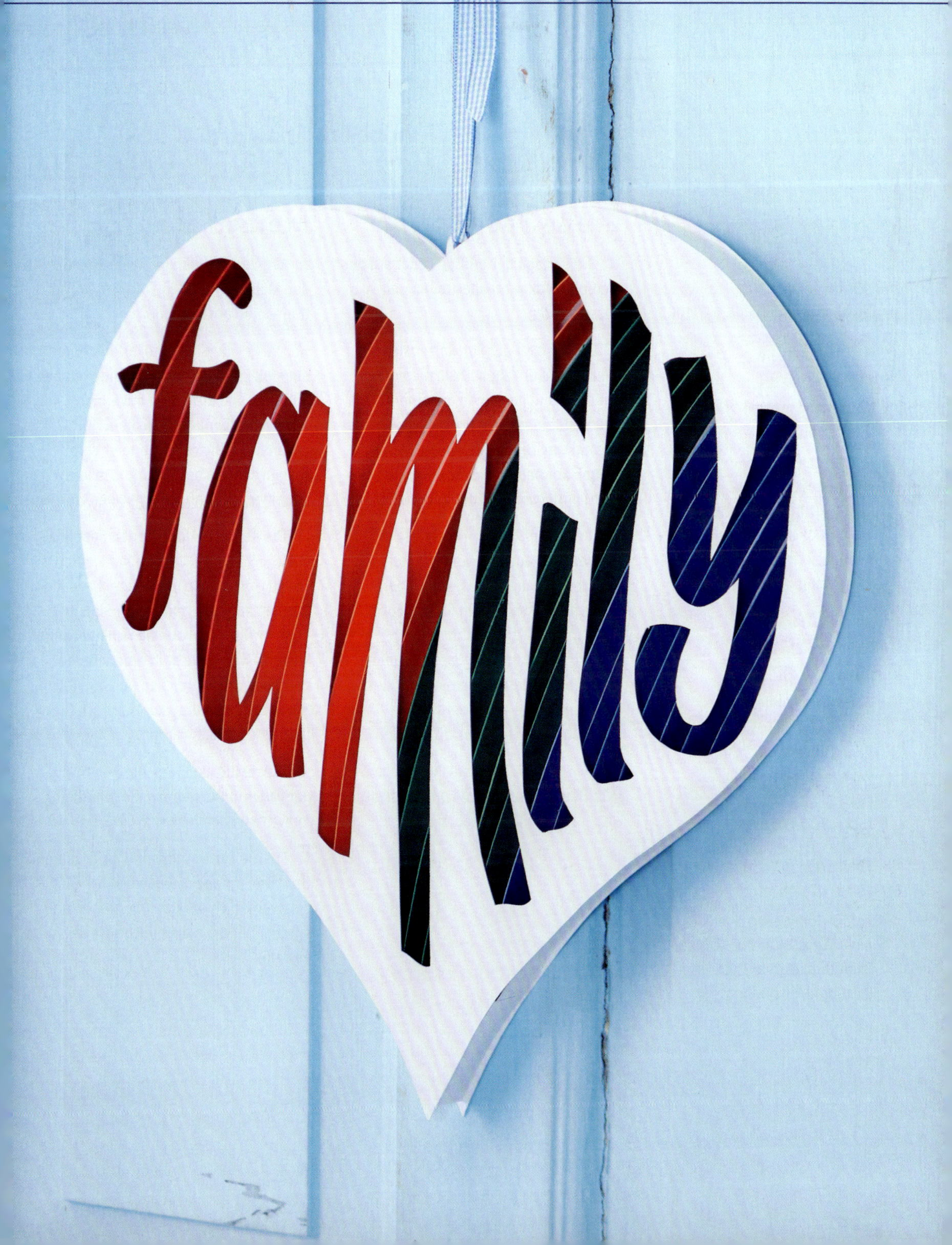
family

Federpracht

schwungvolle Wanddeko

MOTIVGRÖSSE
ca. 32 cm x 45 cm

MATERIAL
- Stricknadel oder Stift, ø 6 mm
- Bastelkleber

GROSSE FEDER
- Fotokarton in Weiß, 20 cm x 50 cm
- Fotokartonstreifen, 9x in Weiß, 4x in Lila, 3x in Dunkelgrün, 2x in Gelb, 2x in Dunkelrosa, 2x in Dunkelblau, 2x in Rot, 2 cm breit, 50 cm lang

KLEINE FEDER
- Fotokarton in Weiß, 10 cm x 26 cm
- Fotokartonstreifen, 4x in Weiß, 3x in Gelb, 2x in Dunkelrosa, 1x in Rot, 2 cm breit, 50 cm lang

KLEINE FEDER FARBVARIANTE
- Fotokarton in Weiß, 10 cm x 26 cm
- Fotokartonstreifen, 4x in Weiß, 3x in Dunkelblau, 2x in Dunkelgrün, 1x in Lila, 2 cm breit, 50 cm lang

VORLAGE
Bogen 1B

Große Feder

1 Die Vorlage der großen Feder auf den weißen Fotokarton übertragen und ausschneiden.

2 Die Position der Fotokartonstreifen ebenfalls übertragen. Dazu die Vorlage auflegen und die Linien mit einem Kugelschreiber unter leichtem Druck nachfahren. Die entstehenden Vertiefungen können Sie gegebenenfalls noch leicht mit einem Bleistift nachziehen.

3 Die Feder und den Federkiel mithilfe der Vorlage mit weißen Fotokartonstreifen umranden. Dazu die Streifen auflegen, mit einem Stab in Form bringen und auf die richtige Länge kürzen. Eine Kante der Papierstreifen mit Klebstoff bestreichen und aufkleben. Schwierige Konturen können auch Stück für Stück geklebt werden.

4 Zum Schluss die restlichen Elemente in Blau, Grün, Rot, Lila und Dunkelrosa formen und aufkleben.

Kleine Feder

1 Die Vorlage der kleinen Feder auf den kleineren weißen Fotokarton übertragen und ausschneiden.

2 Die Position der Fotokartonstreifen ebenfalls übertragen. Dazu die Vorlage auflegen und die Linien mit einem Kugelschreiber unter leichtem Druck nachfahren. Die entstehenden Vertiefungen können bei Bedarf noch leicht mit einem Bleistift nachgezogen werden.

3 Die Außenkontur und den Federkiel entsprechend der Vorlage mit weißen Fotokartonstreifen umranden. Dazu die Streifen auflegen, mit einem Stab in Form bringen und auf die richtige Länge kürzen. Eine Kante der Papierstreifen mit Klebstoff bestreichen und aufkleben. Schwierige Konturen können auch Stück für Stück geklebt werden.

4 Die restlichen Elemente innerhalb der Feder in Dunkelrosa, Rot und Gelb formen und aufkleben.

5 Für die Farbvariante in Lila, Blau und Grün die Vorlage spiegelverkehrt auf den weißen Fotokarton übertragen und anschließend auf die gleiche Weise basteln.

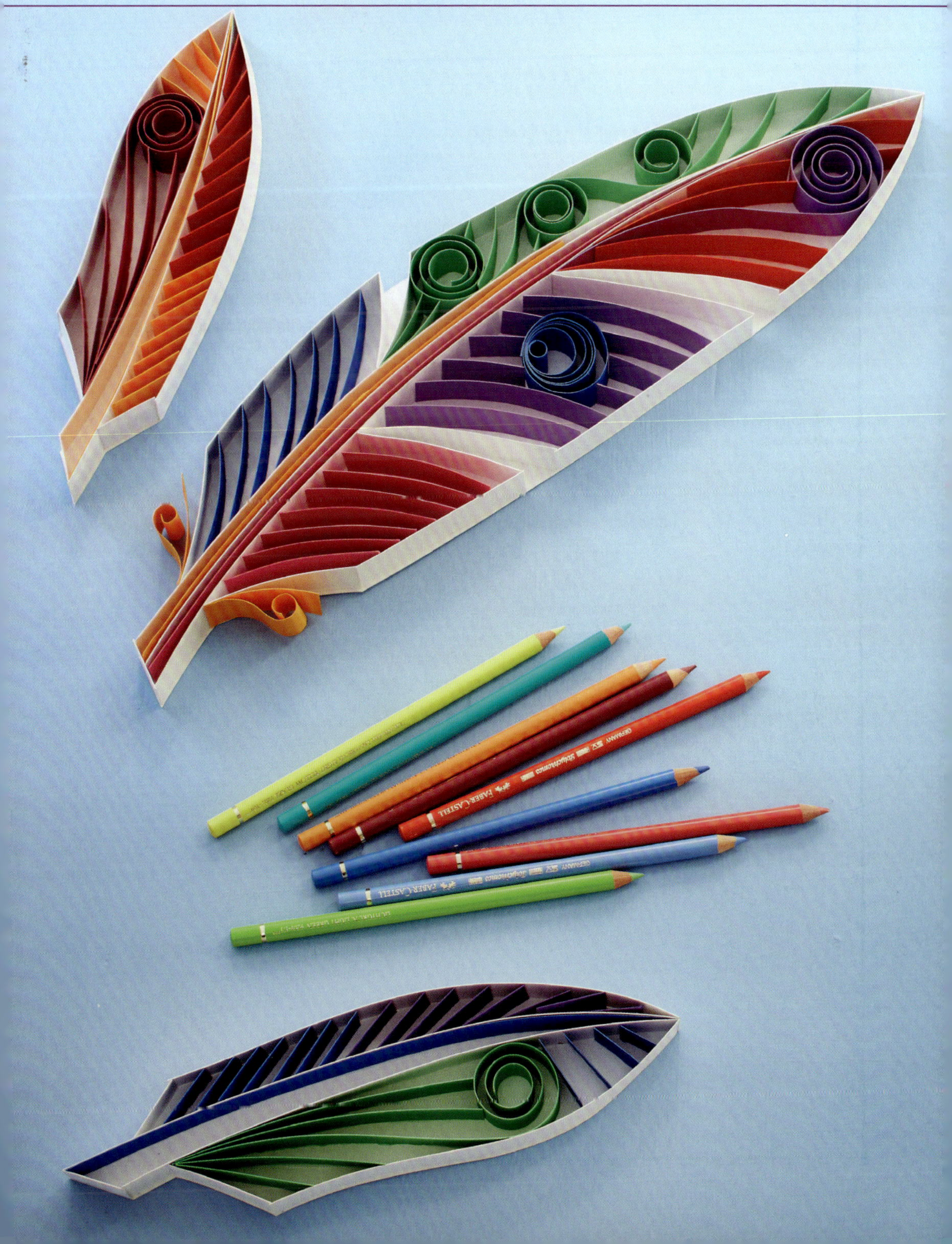
FABER-CASTELL

Guten Abend, Gute Nacht

Mond und Sterne

MOTIVGRÖSSE
ca. 25 cm x 25 cm

MATERIAL

- Fotokarton in Weiß, 25 cm x 25 cm
- Fotokarton in Beige, 10 cm x 10 cm
- Fotokartonstreifen, 6x in Beige, 6x in Hellblau, 6x in Blau, 4x in Gelb, 2 cm breit, 50 cm lang
- Stricknadel oder Stift, ø 6 mm
- Bastelkleber

VORLAGE
Bogen 2A

1 Die Vorlage der runden Grundfläche auf den weißen Fotokarton übertragen und ausschneiden.

2 Die Position der Fotokartonstreifen ebenfalls übertragen. Dazu die Vorlage auflegen und die Linien mit einem Kugelschreiber unter leichtem Druck nachfahren. Die entstehenden Vertiefungen können Sie gegebenenfalls noch leicht mit einem Bleistift nachziehen.

3 Stanzen Sie zum späteren Aufhängen des Motivs mit einem Locher das Loch in die Lasche.

4 Nun den Mond mithilfe der Vorlage mit Fotokartonstreifen in Blau umranden. Dazu die Streifen auflegen, mit einem Stab in Form bringen und auf die richtige Länge kürzen. Eine Kante der Papierstreifen mit Klebstoff bestreichen und aufkleben.

5 Anschließend die äußeren Ranken im Mond in der jeweiligen Farbe, gefolgt von den gebogenen Fotokartonstreifen anbringen. Danach die restlichen Elemente innerhalb des Mondes in Blau und Hellblau formen und aufkleben.

6 Die Außenkontur der Sterne in V-förmige Abschnitte unterteilen, zuschneiden und aufkleben. Danach die inneren Elemente formen und anbringen.

7 Die Vorlage der Sterne auf den beigen Fotokarton übertragen und ausschneiden. Zuletzt die Sterne auf die runde Grundfläche aufkleben.

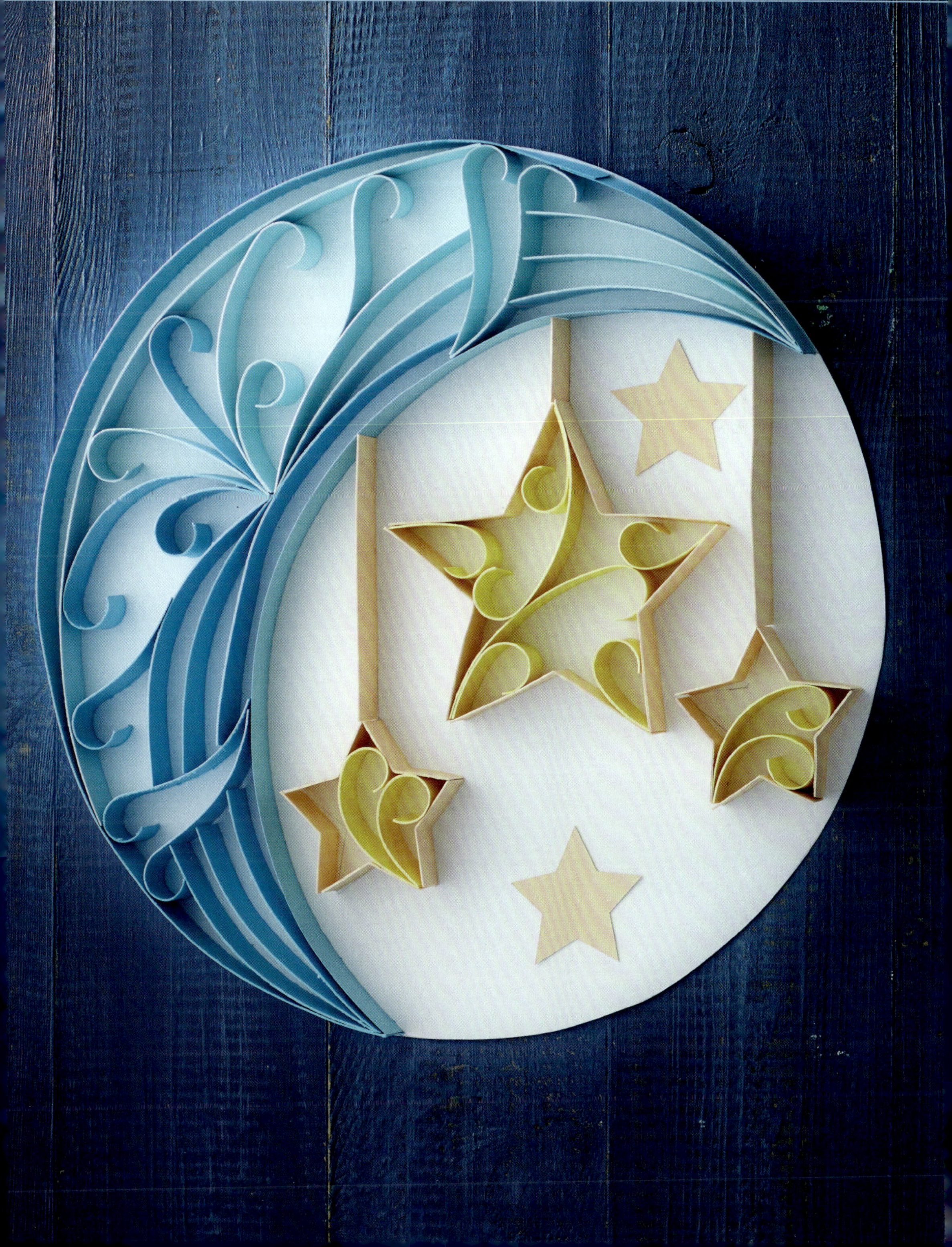

Home Sweet Home

Willkommensgruß für Zuhause

MOTIVGRÖSSE
ca. 50 cm x 12 cm

MATERIAL
- Fotokarton in Grün, 17 cm x 17 cm
- Fotokarton in Rosa, 17 cm x 17 cm
- Fotokarton in Hellblau, 17 cm x 17 cm
- Fotokarton in Dunkelrosa, 17 cm x 17 cm
- Fotokartonstreifen, 4x in Dunkelrosa, 3x in Hellgrün, 3x in Rosa, 3x in Hellblau, 2x in Dunkelgrün, 2x in Blau, 2x in Lila, 2 cm breit, 50 cm lang
- Stricknadel oder Stift, ø 6 mm
- Bastelkleber

VORLAGE
Bogen 1A

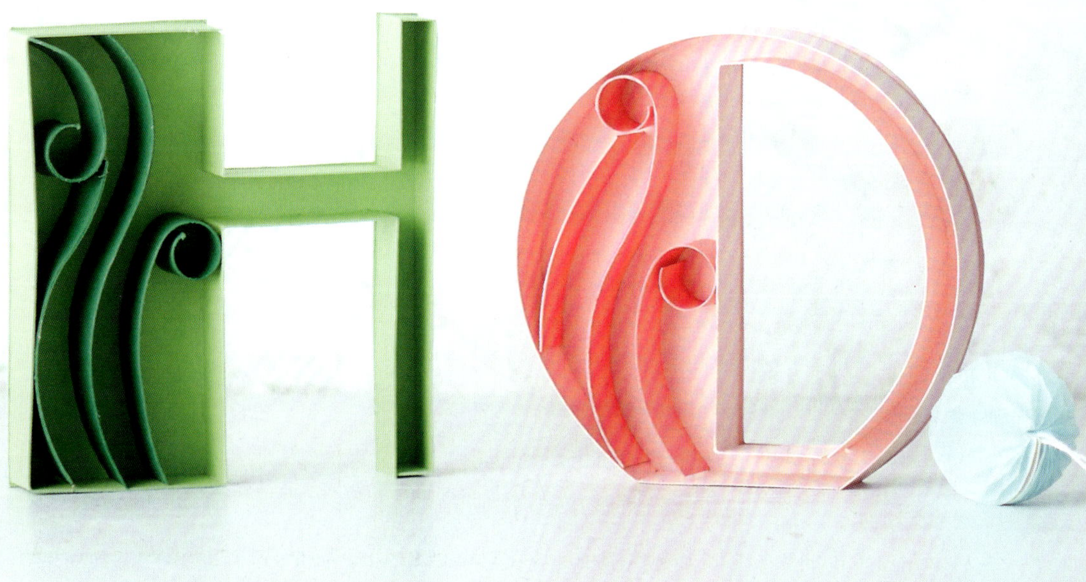

1 Die Vorlagen der Buchstaben H, O, M und E auf den jeweiligen Fotokarton übertragen und ausschneiden.

2 Die Position der Fotokartonstreifen ebenfalls übertragen. Dazu die Vorlage auflegen und die Linien mit einem Kugelschreiber unter leichtem Druck nachfahren. Die entstehenden Vertiefungen können Sie gegebenenfalls noch leicht mit einem Bleistift nachziehen.

3 Die Buchstaben entsprechend der Vorlage mit Fotokartonstreifen in Hellgrün, Rosa, Hellblau und Dunkelrosa umranden. Dazu die Streifen auflegen, mit einem Stab in Form bringen und auf die richtige Länge kürzen. Eine Kante der Papierstreifen mit Klebstoff bestreichen und aufkleben. Dabei darauf achten, dass die Grundflächen unten exakt mit den Außenkonturen abschließen. Ansonsten stehen die Buchstaben nicht gerade. Schwierige Konturen können Sie auch Stück für Stück kleben.

4 Zum Schluss die inneren Elemente der Buchstaben in Grün, Rosa, Blau und Lila formen und aufkleben.

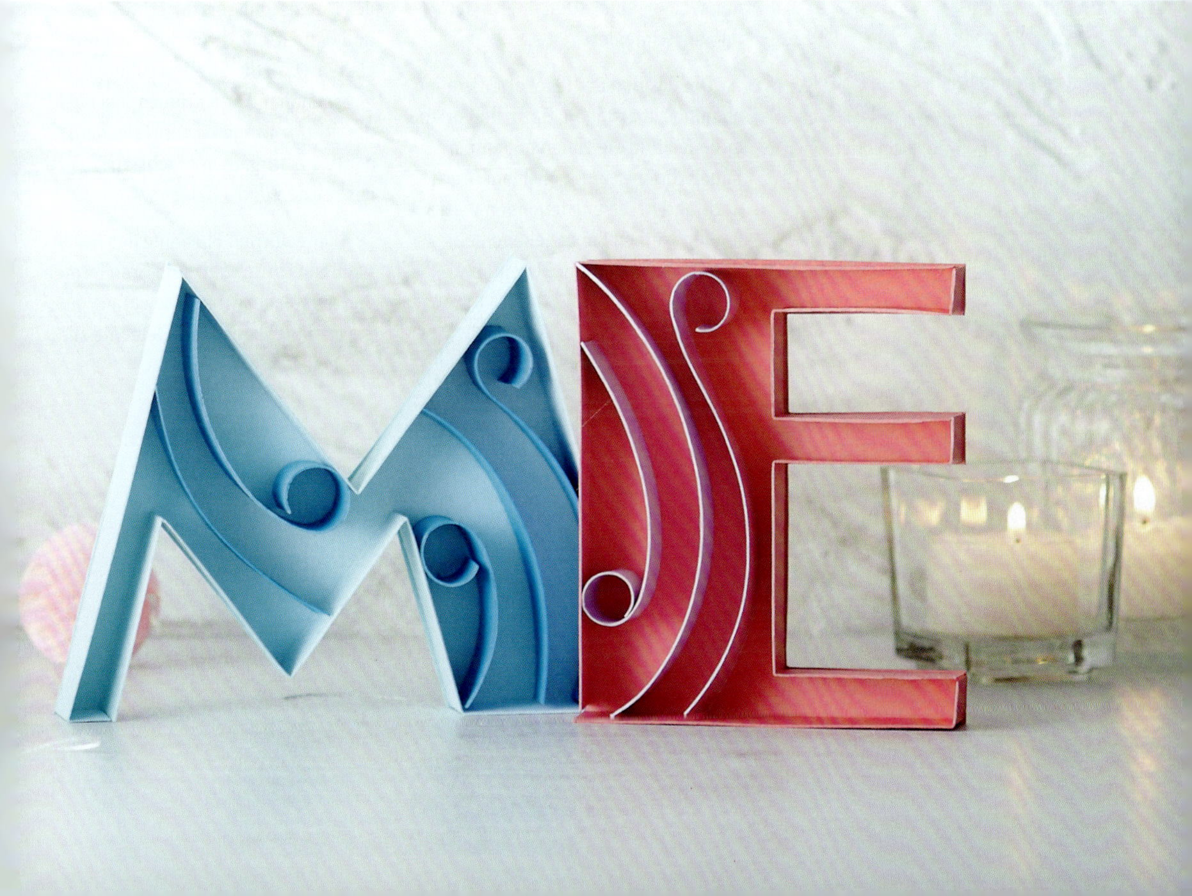

Die elegenaten Details des Notenschlüssels bringen Schwung in Ihr Zuhause.

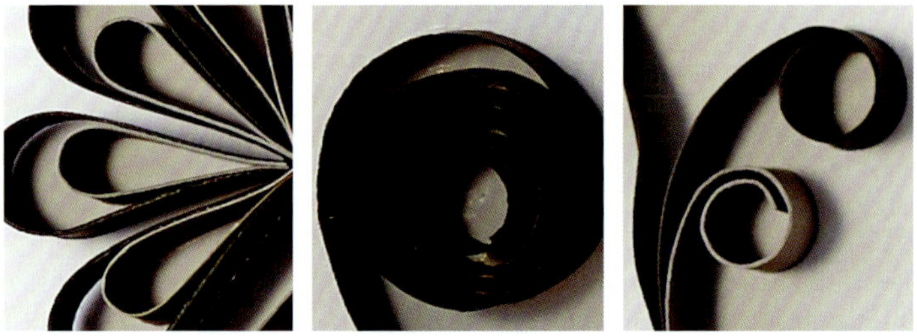

In perfekter Harmonie

für Musikbegeisterte

MOTIVGRÖSSE
ca. 25 cm x 50 cm

MATERIAL
- Fotokarton in Weiß, 25 cm x 50 cm
- Fotokartonstreifen, 12x in Schwarz, 4x in Grau, 2 cm breit, 50 cm lang
- Stricknadel oder Stift, ø 6 mm
- Filzstift in Schwarz
- Bastelkleber

VORLAGE
Bogen 2A

1 Die Vorlage der Grundfläche auf den weißen Fotokarton übertragen und ausschneiden.

2 Die Position der Fotokartonstreifen ebenfalls übertragen. Dazu die Vorlage auflegen und die Linien mit einem Kugelschreiber unter leichtem Druck nachfahren. Die entstehenden Vertiefungen können Sie gegebenenfalls noch leicht mit einem Bleistift nachziehen.

3 Fahren Sie die kleinen Noten am Rand mit einem schwarzen Filzstift nach.

4 Den langen senkrechten Streifen des Notenschlüssels mit schwarzen und grauen Fotokartonstreifen aufkleben. Dazu die Streifen auflegen, mit einem Stab in Form bringen und auf die richtige Länge kürzen. Eine Kante der Papierstreifen mit Klebstoff bestreichen und aufkleben.

5 Die restlichen Elemente des Notenschlüssels in Schwarz und Grau formen und aufkleben. Achten Sie darauf, dass Sie die innenliegenden Elemente zuerst befestigen.

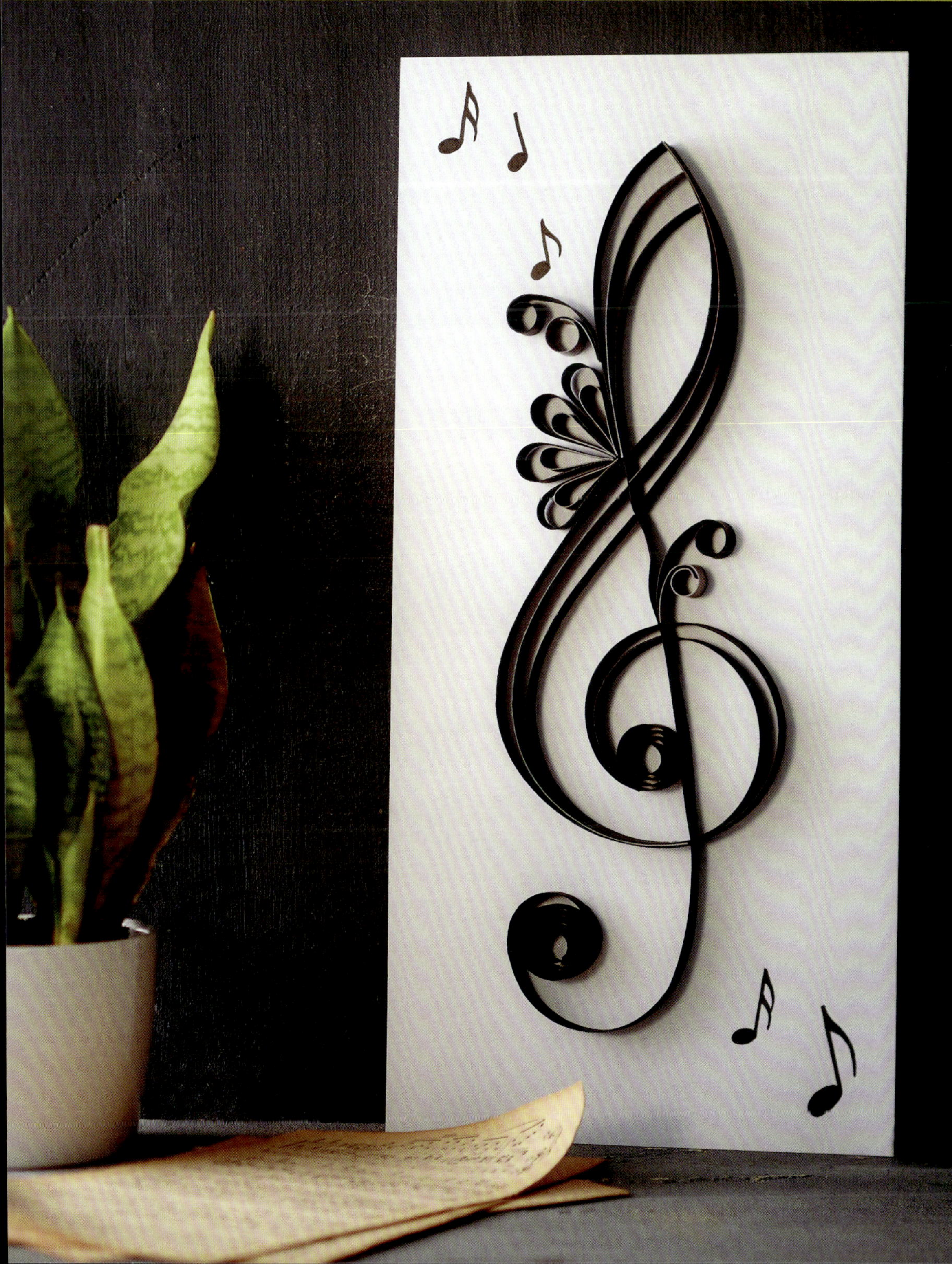

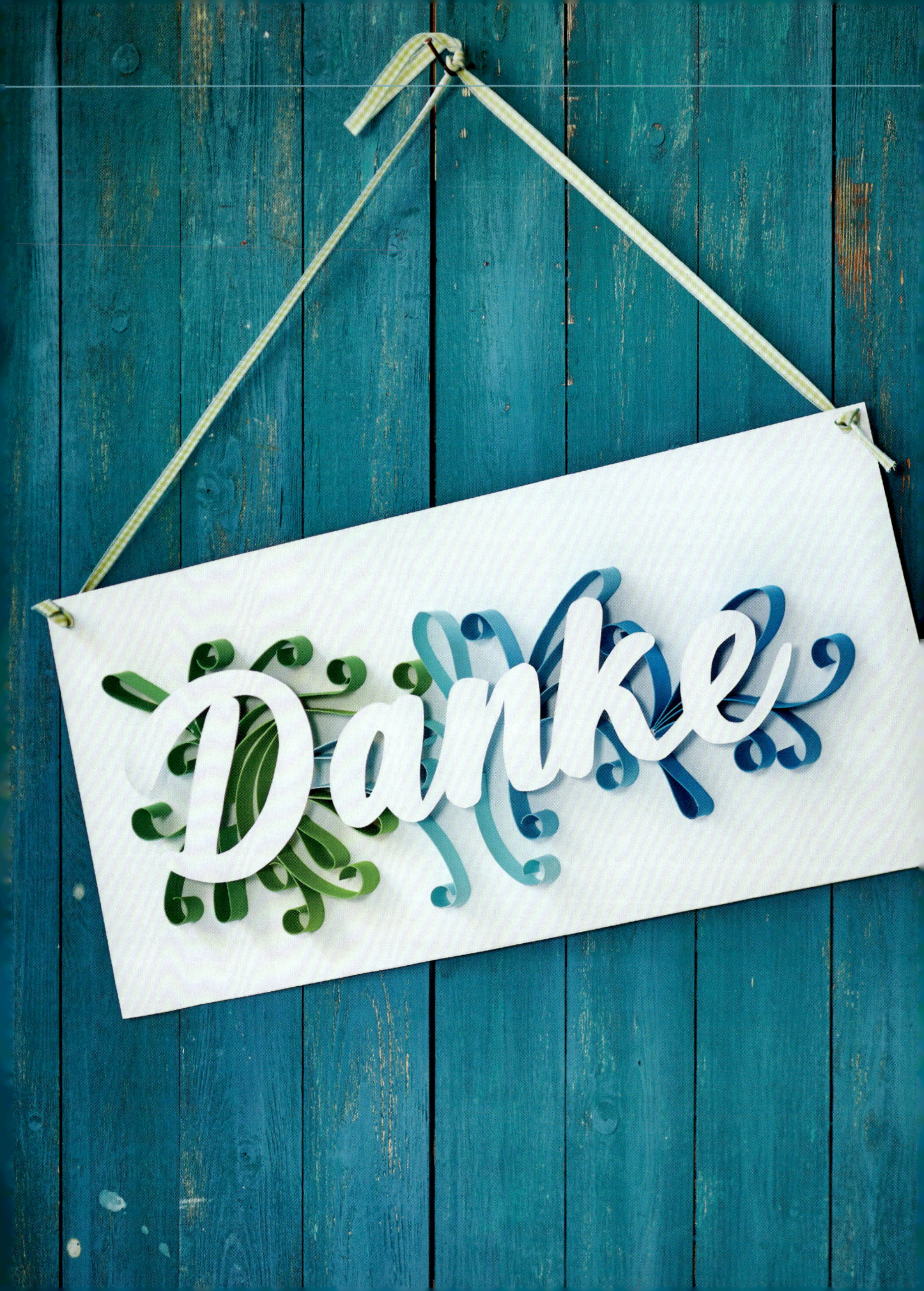
Danke

Die blauen und grünen Schnörkel im Hintergrund setzen den Schriftzug toll in Szene.

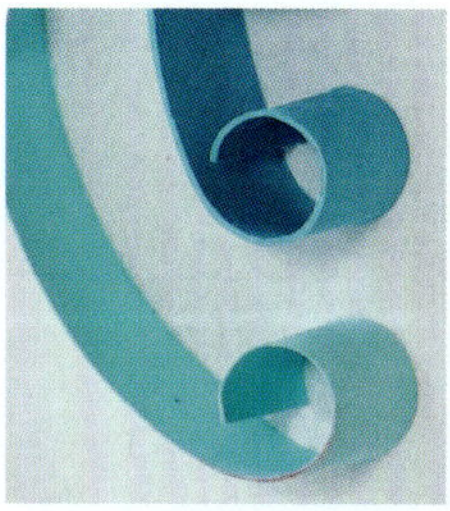

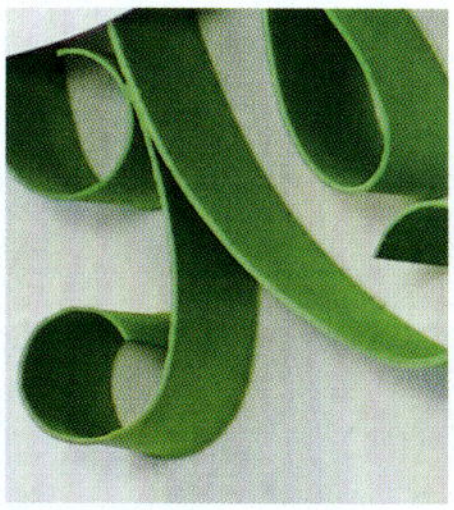

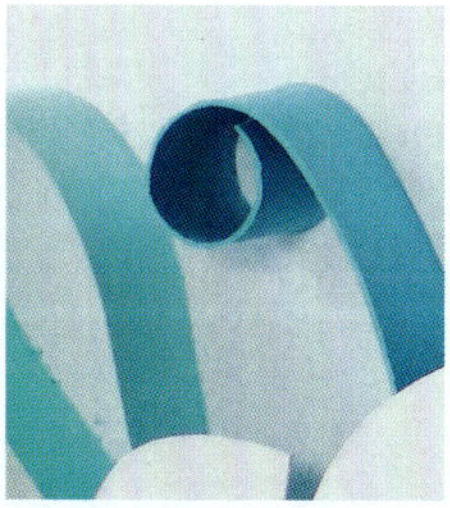

Ein kleines Dankeschön

für die Liebsten

MOTIVGRÖSSE
ca. 57 cm x 25 cm

MATERIAL
- Fotokarton in Weiß, 60 cm x 30 cm und 46 cm x 14 cm
- Fotokartonstreifen, 3x in Dunkelgrün, 3x in Hellgrün, 3x in Dunkelblau, 3x in Hellblau, 2x in Blau, 2 cm breit, 50 cm lang
- Stricknadel oder Stift, ø 6 mm
- Bastelkleber
- Schnur in Grün-Blau

VORLAGE
Bogen 2A

1 Die Vorlage der Grundfläche auf den weißen Fotokarton übertragen und ausschneiden.

2 Die Position der Fotokartonstreifen ebenfalls übertragen. Dazu die Vorlage auflegen und die Linien mit einem Kugelschreiber unter leichtem Druck nachfahren. Die entstehenden Vertiefungen können Sie gegebenenfalls noch leicht mit einem Bleistift nachziehen.

3 Zum späteren Aufhängen des Motivs mit einem Locher Löcher in die Ecken stanzen.

4 Die Fotokartonstreifen in Grün, Hellblau und Blau mithilfe der Vorlage auflegen, mit einem Stab in Form bringen und auf die richtige Länge kürzen. Eine Kante der Papierstreifen mit Klebstoff bestreichen und aufkleben. Dabei von links nach rechts (oder rechts nach links) arbeiten.

5 Die Vorlage des Schriftzugs auf den weißen Fotokarton übertragen und ausschneiden. Die Rückseite des Schriftzuges mit Klebstoff bestreichen und entsprechend der Vorlage auf die Fotokartonstreifen aufkleben.

Die Schnörkel verleihen dem Herz einen verspielten, romantischen Look.

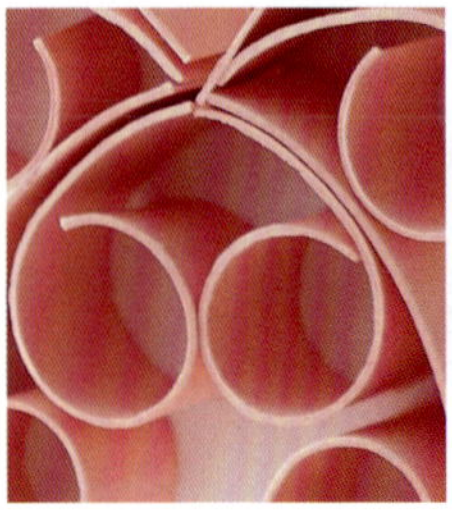

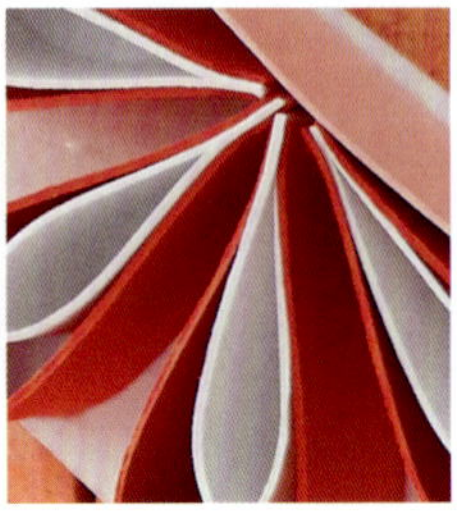

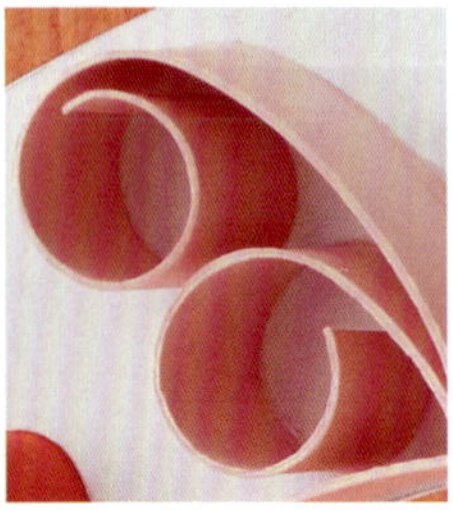

Ein Herz

zum Verlieben

MOTIVGRÖSSE
ca. 38 cm x 35 cm

MATERIAL

- Fotokarton in Weiß, 1x 50 cm x 70 cm
- Fotokartonstreifen, 10x in Rosa, 3x in Rot, 3x in Weiß, 2 cm breit, 50 cm lang
- Stricknadel oder Stift, ø 6 mm
- Bastelkleber
- Schnur in Weiß

VORLAGE
Bogen 2B

1 Die Vorlage der Grundfläche auf den weißen Fotokarton übertragen und ausschneiden.

2 Die Position der Fotokartonstreifen ebenfalls übertragen. Dazu die Vorlage auflegen und die Linien mit einem Kugelschreiber unter leichtem Druck nachfahren. Die entstehenden Vertiefungen können Sie gegebenenfalls noch leicht mit einem Bleistift nachziehen.

3 Zum späteren Aufhängen des Motivs mit einem Locher das Loch in die Lasche stanzen.

4 Nun die Innenkontur mit einem rosa Fotokartonstreifen umranden. Dazu die Streifen auflegen, mit einem Stab in Form bringen und auf die richtige Länge kürzen. Eine Kante der Papierstreifen mit Klebstoff bestreichen und aufkleben.

5 Die restlichen Elemente in Weiß, Rosa und Rot formen und aufkleben. Dabei immer von innen nach außen basteln.

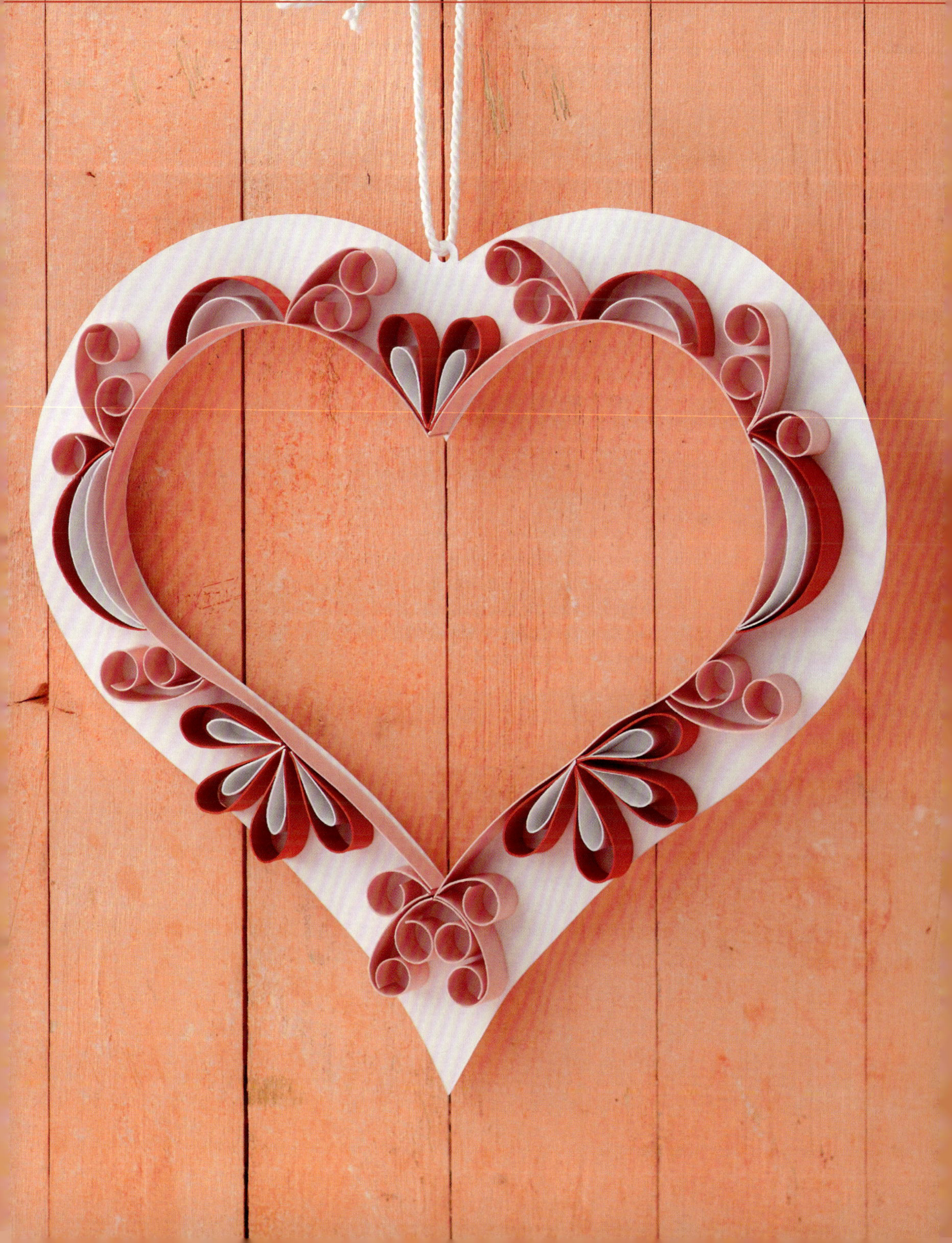

Immergrün

Monstera für Pflanzenfreunde

MOTIVGRÖSSE
ca. 33 cm x 52 cm

MATERIAL GROSSES BLATT

- Fotokarton in Weiß, 32 cm x 50 cm
- Fotokartonstreifen, 12x in Hellgrün, 10x in Dunkelgrün, 2 cm breit, 50 cm lang

KLEINES BLATT

- Fotokarton in Weiß, 18 cm x 30 cm
- Fotokartonstreifen, 4x in Dunkelgrün, 4x in Hellgrün, 2 cm breit, 50 cm lang
- Stricknadel oder Stift, ø 6 mm
- Bastelkleber

VORLAGE

Bogen 2B

Großes Blatt

1 Die Vorlage der Grundfläche des großen Blattes auf den weißen Fotokarton übertragen und ausschneiden.

2 Die Position der Fotokartonstreifen ebenfalls übertragen. Dazu die Vorlage auflegen und die Linien mit einem Kugelschreiber unter leichtem Druck nachfahren. Die entstehenden Vertiefungen können Sie gegebenenfalls noch leicht mit einem Bleistift nachziehen.

3 Zuerst den Stil mit einem Fotokartonstreifen in Dunkelgrün umranden. Dazu die Streifen auflegen, mit einem Stab in Form bringen und auf die richtige Länge kürzen. Eine Kante der Papierstreifen mit Klebstoff bestreichen und aufkleben.

4 Nun die Außenkontur mit einem Fotokartonstreifen in Dunkelgrün anbringen. Schwierige Konturen können auch Stück für Stück geklebt werden. Lassen Sie die aufgeklebten Fotokartonstreifen gut trocknen, bevor Sie weitere aufkleben.

5 Die restlichen Elemente des Monstera Blattes vom Stil ausgehend bis zum Blatt in Hellgrün formen und aufkleben. Achten Sie darauf, die innenliegenden Elemente zuerst aufzukleben.

Kleines Blatt

1 Die Vorlage der Grundfläche des kleinen Blattes auf den weißen Fotokarton übertragen und ausschneiden.

2 Die nächsten Schritte sind identisch zum großen Blatt.

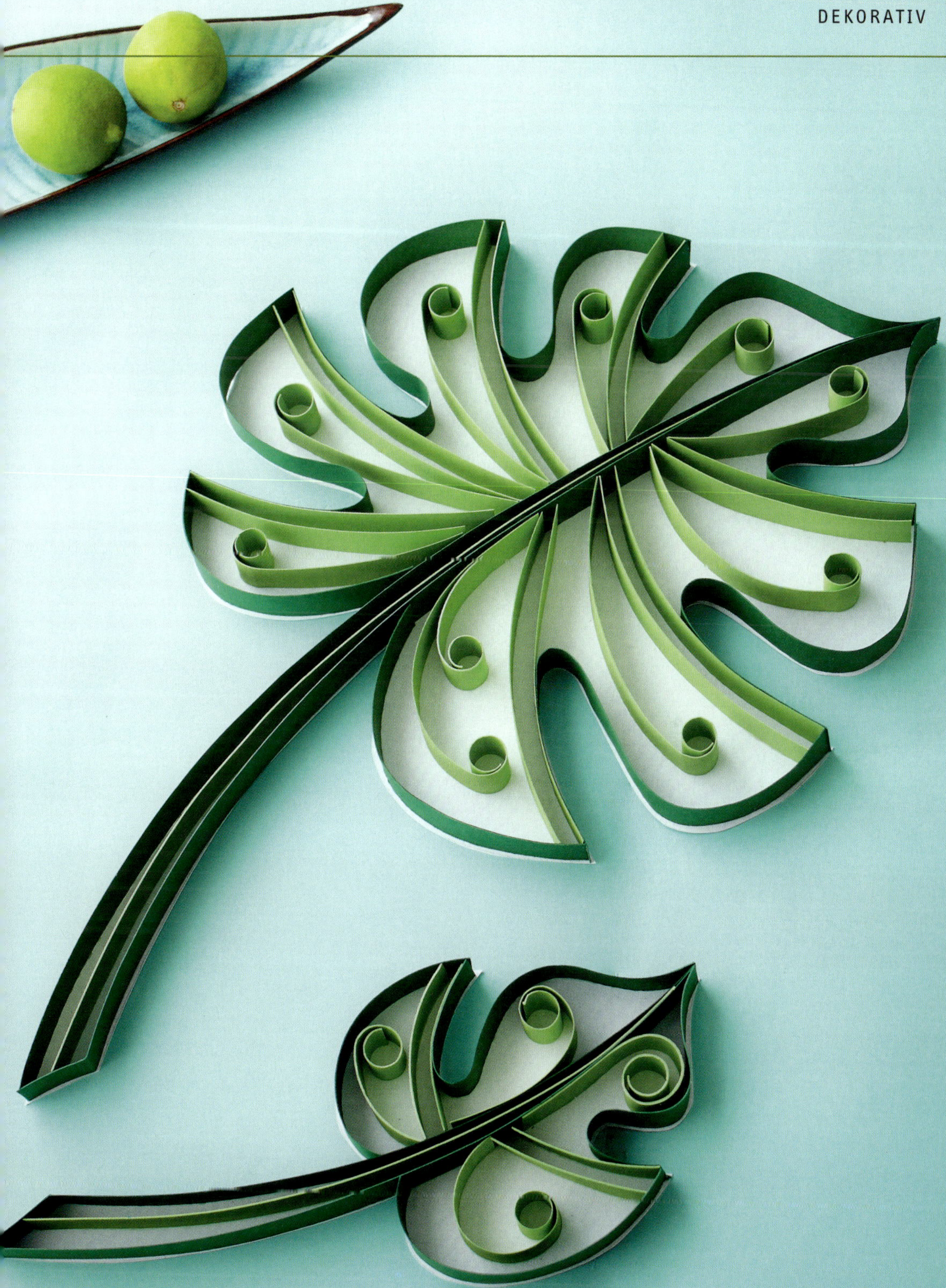

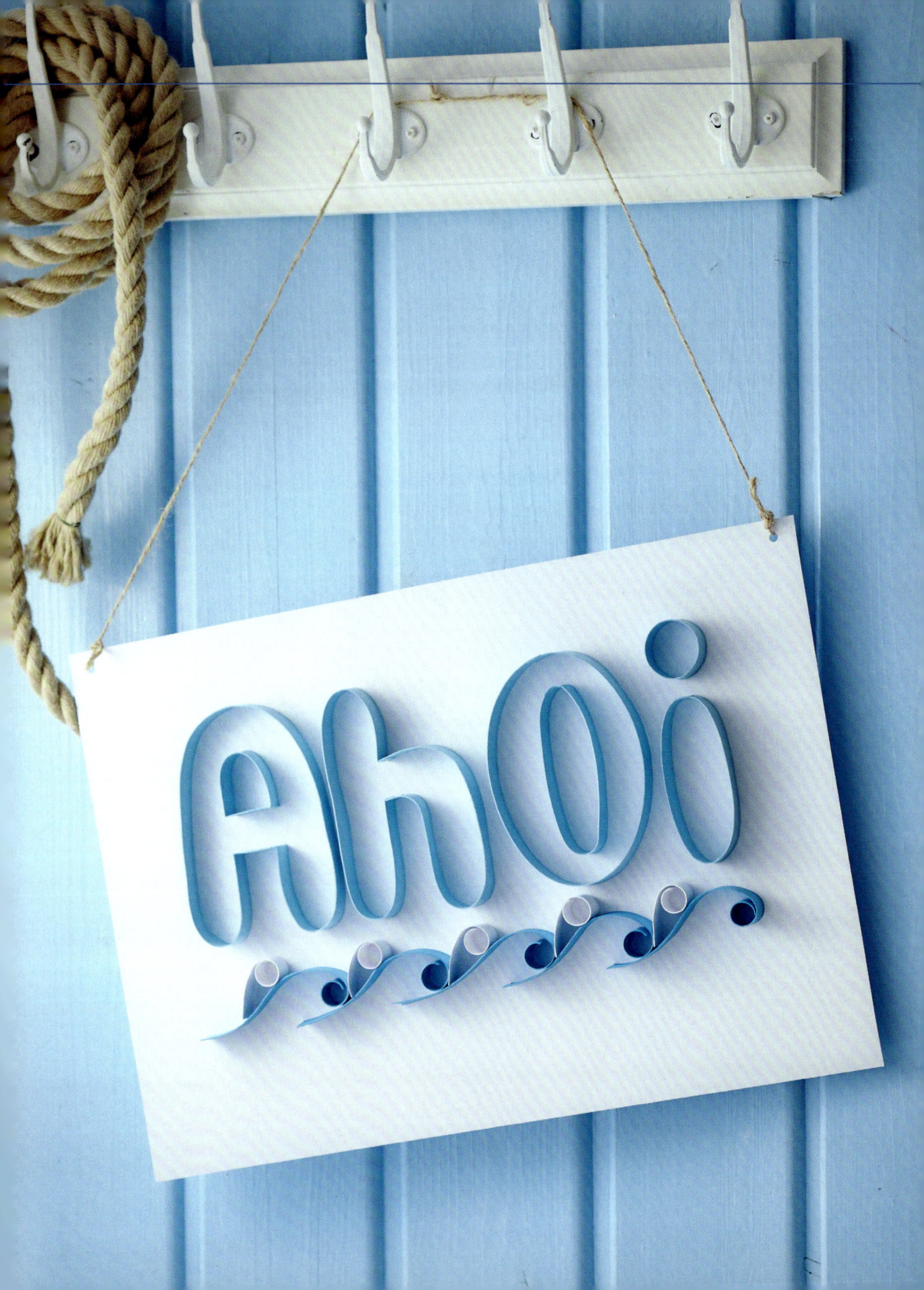
Ahoi

Zu einem Seegruß gehören Wellen unbedingt dazu.

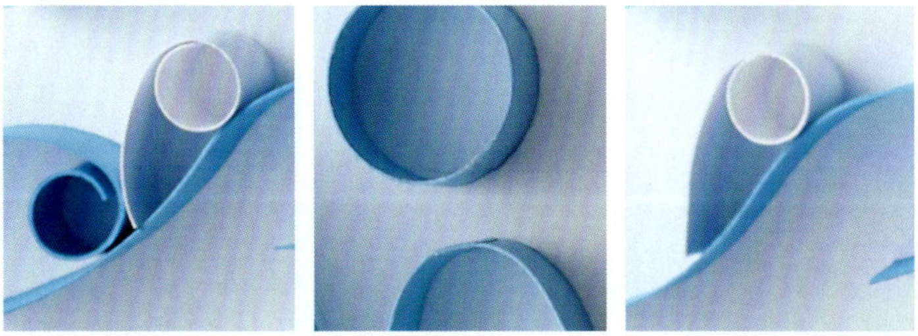

Ahoi

auf hoher See

MOTIVGRÖSSE
ca. 47 cm x 33 cm

MATERIAL
- Fotokarton in Weiß, 50 cm x 35 cm
- Fotokartonstreifen, 6x in Hellblau, 3x in Dunkelblau, 2x in Weiß, 2 cm breit, 50 cm lang
- Stricknadel oder Stift, ø 6 mm
- Bastelkleber
- Juteschnur

VORLAGE
Bogen 2B

1 Die Vorlage der Grundfläche auf den weißen Fotokarton übertragen und ausschneiden.

2 Die Position der Fotokartonstreifen ebenfalls übertragen. Dazu die Vorlage auflegen und die Linien mit einem Kugelschreiber unter leichtem Druck nachfahren. Die entstehenden Vertiefungen können Sie gegebenenfalls noch leicht mit einem Bleistift nachziehen.

3 Zum späteren Aufhängen des Motivs mit einem Locher Löcher in die Ecken stanzen.

4 Die Buchstaben entsprechend der Vorlage mit Fotokartonstreifen in Hellblau umranden. Dazu die Streifen auflegen, mit einem Stab in Form bringen und auf die richtige Länge kürzen. Eine Kante der Papierstreifen mit Klebstoff bestreichen und aufkleben. Dabei immer zuerst innen liegende Konturen aufkleben. Schwierige Konturen können auch Stück für Stück geklebt werden.

5 Zuletzt die Wellen unter dem Schriftzug in Dunkelblau und Weiß formen und aufkleben.

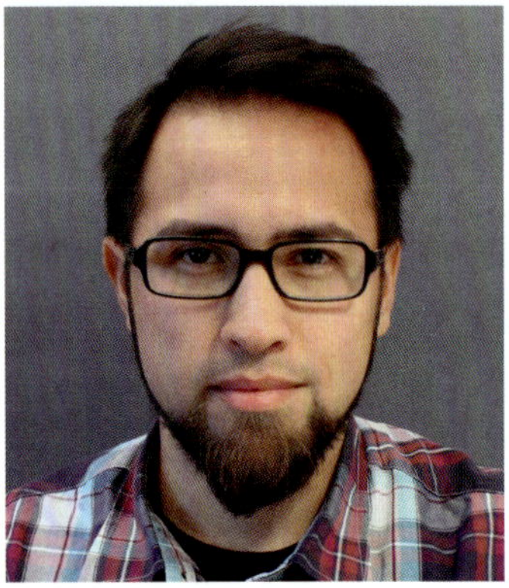

Patrick Krämer wurde 1985 in Solingen geboren und ist Vater von 5 Kindern. Schon als Kind zeichnete und bastelte er viel und so war es kein Wunder, dass er nach seinem Schulabschluss den Beruf des Technischen Zeichners erlernte und nun als Konstrukteur im Sondermaschinenbau tätig ist. Die Faszination, etwas in seinem Kopf entstehen zu lassen, es auf Papier zu bringen und letzten Endes herzustellen, ist bis heute geblieben. 2014 gewann er den TOPP-Star-Award und ist seither als Autor für den frechverlag tätig.

DANKE!

Ich danke der Firma Rayher Hobby GmbH in Laupheim und der Firma butinette Textil-Versandhaus GmbH in Wertingen für die freundliche Bereitstellung der tollen Papiere.
Meiner Frau Lisa danke ich von ganzem Herzen für ihre unendliche Geduld und Unterstützung.
Und ein großes Dankeschön an die Mitarbeiterinnen des frechverlags, ohne die dieses Buch nicht möglich wäre.

IMPRESSUM

FOTOS: frechverlag GmbH, 70499 Stuttgart; lichtpunkt, Michael Ruder, Stuttgart (Modellfotos); Patrick Krämer (Arbeitsschrittfotos)

PRODUKTMANAGEMENT UND LEKTORAT: Nicole Benzinger

UMSCHLAGGESTALTUNG: Eva Grimme

LAYOUT UND SATZ: Petra Theilfarth

DRUCK: Tiskárna Grafico s.r.o., Tschechische Republik

1. Auflage 2021

ISBN 978-3-7724-4361-9 • Best.-Nr. 4361